DOMI

LE CINÉMA
SILENCE... ON TOURNE !

LES ESSENTIELS MILAN JUNIOR

LE JOURNA

TOUT ÇA !!!

Le plus grand nombre de prises pour une même scène fut pour un plan du film muet *Les Lumières de la ville* (1931). Par souci de perfection, Charlie Chaplin a fait 342 prises d'une

Charlie Chaplin et Virginia Cherrill dans *Les Lumières de la ville.*

scène dans laquelle l'héroïne, une jeune fleuriste aveugle, vend à Charlot une fleur en croyant que c'est un milliardaire. ∎

Jack (pot !)

Jack Nicholson, pour son rôle de « Joker » dans *Batman*, a touché 60 millions de dollars, soit près de 360 millions de francs !

Une fois par an

En France, 2,8 millions d'enfants de 10 à 14 ans vont au cinéma au moins une fois par an (c'est peu, non ?). Le film idéal fait peur aux garçons et fait pleurer les filles. Mais les deux sont d'accord pour apprécier, d'abord l'histoire et ensuite la beauté des images. ∎

VITE...

Nous recherchons, pour le 187e film adapté du roman de Arthur Conan Doyle, un acteur pour incarner Sherlock Holmes. Et oui ! Parmi les personnages les plus filmés, le gagnant est Sherlock Holmes (186 films) ; vient ensuite Napoléon (plus de 170 fois !) et enfin Dracula le vampire (155 films). ∎

DU CINÉMA

LE FILM QUI A UNE ODEUR

C'est *Polyester* (1981). En entrant dans la salle, les spectateurs recevaient une carte avec des cases parfumées et numérotées, à gratter.

Quand un numéro précis apparaissait à l'écran, ils grattaient la case correspondante qui libérait l'odeur en question dans le film : vieille chaussure, *beurk !* ; glace à la fraise, *miam !*, etc. ◼

Les États-Unis battus par l'Inde

Les États-Unis ne sont pas le pays qui produit le plus de films par an. En effet, environ 700 films sont tournés chaque année en Inde, alors que les États-Unis n'en produisent que 350. ◼

Ex aequo !

Titanic contre *Ben Hur* : 38 ans plus tard, le paquebot a rattrapé le char pour le record d'oscars obtenus, soit 11 oscars. ◼

RECHERCHE – URGENT

Un producteur recherche, pour son nouveau film intitulé *Le cinéma silence... on tourne !,* un adolescent de 9 à 12 ans, bon acteur, garçon ou fille. La lecture de cet *Essentiel Milan Junior* est vivement recommandée pour passer l'audition, afin de découvrir le cinéma et de percer tous les secrets du 7ᵉ art.

LONG TITRE, LONG-MÉTRAGE

Un fatto di sangue nel comune di Siculiana fra due uomini per causa di una vedova (si sospettano moventi politici). Amore-Morte-Shimmy. Lugano Belle, Tarantelle e Tarallucci e vino. Soit 31 mots. Un poème ? Non, un titre de film italien tourné en 1979. Heureusement, en France, le titre est bien moins long : *D'amour et de sang.*

Un film, ça s'écrit

Pour faire un film, il faut d'abord une histoire, mais cette histoire doit être écrite dans la « langue du cinéma ».

Le scénariste

Il doit avoir beaucoup d'imagination, mais trouve ses sources d'inspiration dans la vie réelle, autour de lui, en lisant les journaux, et il écrit un scénario « original », ce qui veut dire qu'il invente une histoire et des personnages. Parfois, le scénariste s'inspire d'une œuvre littéraire (roman, pièce de théâtre, etc.) dont il doit faire l'adaptation.

Le scénario

C'est le point de départ de tout film dit « de fiction », c'est-à-dire qui n'est pas du documentaire et, donc, raconte une histoire. Au cinéma, le terme de scénario est vague. En fait, on regroupe sous ce terme :

– le synopsis (en 5 pages environ) : il résume chronologiquement l'histoire ;

– le traitement (en 50 pages environ) : il développe le synopsis et découpe l'histoire en chapitres, les séquences ;

– la continuité dialoguée (environ 150 pages) : c'est le traitement avec les dialogues, qui sert principalement au comédien.

Un scénario n'est jamais définitif

Une réplique qu'un acteur dit différemment, avec ses mots à lui, une scène qui disparaît au montage et le scénario évolue : entre le scénario de départ et le résultat sur l'écran, tout peut bouger.

Une page de scénario.

MAGASIN DE PHOTOGRAPHIE - INTÉRIEUR

23 – P.E. Norbert et Martial s'avancent jusqu'au comptoir où se tient la photographe (de dos) et s'arrêtent (en P.M.).

Bruits (assourdis) de la rue. Pas de Norbert et de Martial.

MARTIAL (à la photographe) Nous voudrions un petit cadre qui soit joli, pas trop cher. Pas de la photographie.

La photographe s'éloigne (panoramique) prend deux cadres dans un rayonnage et revient. Elle les pose sur

MARTIAL Il y en a un en vitrine. On peut le voir ?

La langue du cinéma

Un scénario est écrit dans la « langue du ciné-ma », donc avec des mots qui ne sont pas ceux d'un roman. Tout y est décrit précisément, sans laisser place à l'imagination, contrairement au roman. Dans un scénario, on n'écrit pas « Julie a peur », on indique précisément comment se manifeste sa peur : « Julie a les mains qui tremblent, son visage, pâle, est couvert de gouttes de sueur et elle claque des dents. » Ainsi, toute l'équipe technique du film saura précisément comment souligner la peur de l'héroïne.

Le découpage technique

C'est le document de travail le plus précis, qui sert à toute l'équipe du film. Il concrétise le passage d'une forme d'écriture encore littéraire, le scénario, à une écriture cinématographique. Avant le tournage, le découpage technique est en quelque sorte le film sur papier et exprime les intentions du réalisateur à travers ses choix techniques, esthétiques et de mise en scène. Y figurent les indications relatives aux sons (dialogues, bruits), au décor, à la lumière, aux mouvements de caméra, aux cadrages, etc.

Le story-board

Vient de l'anglais *story* (histoire) *board* (planche). Véritable bande dessinée du film, le story-board aide les acteurs et surtout l'équipe technique à comprendre ce que le réalisateur attend d'eux. On y voit le cadrage, les angles de prise de vue, la place des acteurs. En France, il est très utilisé pour le tournage de films publicitaires.

Par exemple

Une scène filmée dans un restaurant peut être découpée ainsi : plan large sur la salle, plan rapproché sur l'une des tables, plan serré sur le visage du héros, plan américain sur le serveur, etc.

Story-board du film *Demain ne meurt jamais* (1997), l'une des aventures de James Bond.

Les secrets de la caméra

La caméra, c'est un œil ouvert sur un monde, né de l'imagination du réalisateur.

bobines
pellicule vierge
objectif
lumière
obturateur
pellicule impressionnée
roue dentée avec griffes qui entraînent le film

Un seul appareil

Le cinématographe, appareil inventé par les frères Lumière en 1895, était à la fois une caméra, un petit laboratoire pour développer la pellicule et un appareil de projection. Pratique, non ?

Un super appareil photo

Pense à ton appareil photo, où l'image passe au travers de l'objectif, et vient s'impressionner sur la pellicule que tu portes à développer chez le photographe. Eh bien, une caméra c'est la même chose avec, en plus, la possibilité de saisir le mouvement en prenant 24 photos par seconde. À la projection, c'est le principe inverse, le projecteur recompose le mouvement en projetant la pellicule développée et ses 24 images par seconde.

La pellicule

Dans une caméra, elle se déroule d'une bobine vers une autre. Grâce à ses perforations, elle avance, s'arrête, avance et s'arrête 24 fois par seconde. Lorsqu'elle avance, l'obturateur est fermé. Lorsqu'elle s'arrête, il s'ouvre, le temps d'impressionner la pellicule par une image.

La lumière

Elle donne une certaine ambiance au film. En studio, la lumière est dite « artificielle », car ce sont des projecteurs qui éclairent acteurs et décors. Un tournage en extérieur est plus difficile à maîtriser, car il dépend de la météo, et la

lumière change tout le temps :
là, on parle de lumière naturelle.
Tel le peintre, le chef opérateur
(ou directeur de la photo) va
travailler l'ombre et la lumière.

Le réalisateur Steven Spielberg, l'œil à la caméra.

Le plan

C'est la façon dont la caméra cadre le sujet ou le
paysage à filmer. Il existe autant de plans qu'il y a
de façons de filmer (plan général, plan moyen, etc.).
Dans un plan dit américain, l'acteur est cadré de
la tête à mi-cuisse. Ce type de cadrage est souvent utilisé dans les westerns, pour que l'on dis-
tingue le revolver du cow-boy.

Les mouvements de caméra

Au début du cinéma, la caméra fixée sur son pied
ne bougeait guère, mais cela a changé rapidement.
Ainsi, avec le travelling, la caméra, généralement
placée sur un chariot sur rails, se déplace en suivant le sujet filmé, et pour un panoramique,
la caméra pivote sur elle-même sans se déplacer.

La nuit américaine

Ce procédé per-
met de tourner de
jour une scène de
nuit, en plaçant
devant l'objectif
de la caméra un
filtre qui obscurcit
l'image. C'est aussi
le titre d'un film
de François
Truffaut réalisé en
1973, qui montre
une équipe de
cinéma au travail.

▲ Image comprimée
sur la pellicule.

La même image une fois
projetée sur l'écran. ▼

Le cinémascope, plein la vue !

Pour tourner des films à grand spectacle qui seront
projetés au cinéma (ou à la télévision, avec des bandes
noires), on comprime l'image à la prise de vue.
À la projection, cette image déformée est décomprimée
et restituée sur un écran large. C'est ce que l'on appelle
le cinémascope qui, dans les années 1950, a donné
envie aux spectateurs de revenir
au cinéma, qu'ils avaient déserté au
profit du petit écran de la télévision.

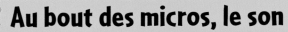

Au bout des micros, le son

Au tournage, le son et l'image sont enregistrés séparement. Lors du mixage, on réunit tous les sons pour composer un véritable paysage sonore.

De la prise de son au mixage

Durant le tournage d'une scène, même si le réalisateur crie : « *Silence !* », il y a toujours du bruit, surtout si la prise n'est pas faite en studio mais dans un lieu réel (rue, restaurant, etc.). Un micro enregistre les dialogues : le perchman le tient au-dessus des acteurs en suivant leurs déplacements et en veillant à ce qu'il n'entre pas dans le cadre, tandis que l'ingénieur du son contrôle l'enregistrement, dans le casque et sur son magnétophone.

Les sons d'ambiance

Tout le reste, c'est-à-dire tous les bruits qui correspondent au lieu filmé, les sons d'ambiance, sont enregistrés à part et rajoutés lors du mixage, qui permet de doser tous les sons sur une seule et même bande. Les bruits qui ne peuvent être enregistrés durant le tournage seront recréés, par un bruiteur, en studio.

La VO c'est mieux

Pour un film étranger, tu as en principe deux possibilités : la VO (version originale), dans la langue d'origine et traduite par des sous-titres, et la VF (version française), où des acteurs français doublent, donc prêtent leur voix aux acteurs étrangers.

Le perchman tend le micro vers les acteurs. Il doit faire attention au micro, qui ne doit pas apparaître à l'image.

Le doublage

En France comme aux États-Unis, le son est enregistré en direct, alors qu'en Italie tout est fait après le tournage. Ainsi, les comédiens se doublent : ils redisent leur texte en suivant sur l'écran le mouvement de leurs lèvres. Pour un film étranger présenté en France, c'est la même chose : des acteurs français en studio prêtent leur voix aux acteurs étrangers.

Le top des magnétophones : le Nagra.

La musique

Elle renforce le film plus qu'elle ne l'illustre, en appuyant un effet dramatique ou comique. Par exemple, les violons de la musique de *Psychose* (film d'horreur d'Alfred Hitchcock) donnent une idée précise de la souffance de l'héroïne et suggèrent le bruit des lames qui s'enfoncent dans sa chair. La comédie musicale, un genre à part, est un mélange de dialogues et de numéros chantés et dansés. Les héros chantent dans la rue, dans le métro, dansent à leur travail : tout est joyeux, gai et musical.

Son Dolby stéréo

Grâce à ce procédé, tu en prends « plein les oreilles » : plusieurs haut-parleurs répartis dans la salle donnent une impression de relief sonore.

Secrets de bruiteurs

Un coup de poing : une pâte à tarte congelée frappée avec le poing. Une tête coupée : un chou tranché par une scie. Des pas dans la neige : deux petits sacs de purée en flocon pressés l'un contre l'autre. Des pneus qui crissent : une bouillote que l'on frotte sur le sol.

Couper-coller : le montage

Après le tournage, il faut donner au film son ordre chronologique et surtout lui donner un rythme.

Disparition

Les plans tournés qui ne figurent pas dans le montage final finissent dans ce que l'on appelle le chutier. Aussi, certaines scènes tournées n'apparaîtront peut-être jamais dans le film que tu verras sur les écrans.

Pas de montage sans plan

Un mot isolé dans un livre n'a pas de sens. Une image unique tirée de la pellicule, non plus. Le sens commence, dans le roman, par un ensemble de mots : la phrase. En cinéma, le sens est donné par un groupe d'images : le plan. Plusieurs plans juxtaposés composent une scène (c'est l'équivalent d'un paragraphe), plusieurs scènes la séquence (soit le chapitre) et plusieurs séquences, le film tout entier (le livre). L'unité élémentaire au cinéma n'est pas l'image, mais le plan. Il y en a en moyenne 600 dans un long-métrage.

La table de montage

C'est là que le monteur visionne les images et écoute les sons correspondants.

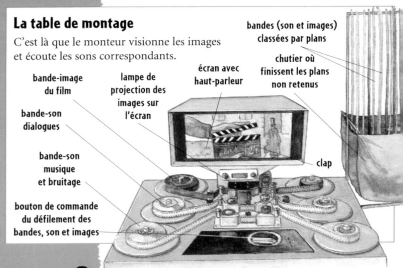

bandes (son et images) classées par plans

chutier où finissent les plans non retenus

bande-image du film

bande-son dialogues

bande-son musique et bruitage

bouton de commande du défilement des bandes, son et images

lampe de projection des images sur l'écran

écran avec haut-parleur

clap

De l'ordre et du rythme

Après le tournage, des kilomètres de pellicule ont été développés en laboratoire. Le monteur, sur sa table de montage, choisit la meilleure prise de chaque plan. Ensuite, guidé par le scénario et les notes de la scripte qui a tout noté scrupuleusement durant le tournage, il remet dans l'ordre tous les plans tournés dans le désordre. Enfin, le monteur agence les divers plans, les raccourcit, les rallonge, les mélange, afin de donner un bon rythme au film.

Donner un sens au film

Comment rendre chaque scène plus forte, plus rapide, ou plus lente ? Dans une scène de bagarre, par exemple, les plans seront très courts (à peine quelques secondes), pour donner l'impression au spectateur, grâce à des images chocs, qu'il reçoit lui aussi des coups de poings. Autre exemple : dans une scène où un personnage tombe amoureux, le monteur fait suivre le plan du visage de l'acteur, puis le gros plan de ses yeux, d'un plan du visage de la personne qu'il aime, pour faire comprendre au spectateur le lien existant entre les deux.

Collision d'images

Ce sont les cinéastes russes qui, les premiers, ont compris le pouvoir du montage. Dans le film muet *Le Cuirrassé Potemkine* (1925), un montage très rapide montre en quelques secondes l'horreur de la guerre : une femme, son enfant mort, les soldats…

À quoi sert le clap ?

La caméra enregistre l'image, le magnétophone le son. Il faut ensuite réunir image et son sur un même support. Le clap que la caméra filme avant la prise, permet de les synchroniser. Sur la table de montage, le monteur écoute la bande-son et l'arrête à l'endroit où retentit le bruit « clac ! ». En visionnant la bande-film, il s'arrête sur l'image précise où le clap se referme et il redémarre les deux bandes en même temps. Ainsi, son et image ne font qu'un.

Le film à l'affiche

Mercredi, 14 heures : le film sort sur les écrans de France...

Les recettes d'un film

- **1** 30 %
- **2** 30 %
- **3** 32 %
- **4** 8 %

1 Entrées dans les salles
2 Vidéo et DVD
3 Droits de diffusion à la télévision
4 Vente du film à l'étranger

Cinémathèques

Les films y sont conservés, restaurés et régulièrement projetés, mais on ne peut pas les emprunter. En France, les plus importantes sont : la Cinémathèque française à Paris, l'Institut Lumière à Lyon et la cinémathèque de Toulouse.

À la recherche du public

C'est le spectateur – et lui seul – qui décide, dès le jour où le film sort sur les écrans, si ce sera un succès. Dans ce cas, le cinéma le garde à l'affiche, mais si c'est un échec, il disparaît dès la deuxième semaine. Quelques mois plus tard, le film retrouve une nouvelle vie en sortant en vidéo ou DVD, et lors de son passage à la télévision. Ainsi, certains films n'ayant pas eu de succès en salle ont une séance de rattrapage.

La distribution

Le distributeur est l'intermédiaire entre le producteur du film et l'exploitant, directeur de la salle de cinéma. Il achète les droits d'exploitation du film au producteur et le distribue en contactant les exploitants, tout en tenant compte de la grandeur des salles et de leur situation géographique.

L'exploitant

C'est dans l'une de ses salles que le film est projeté. De grands groupes comme Gaumont, UGC, Pathé, programment leurs films dans des complexes ou multiplexes où le pop-corn et les boissons rapportent pratiquement autant d'argent que les entrées. Mais on trouve aussi des cinémas dits « Art et Essai », qui diffusent des films magnifiques pour les cinéphiles. Ce type de salles est essentiel pour découvrir de jeunes réalisateurs.

Les trois circuits d'exploitation, Gaumont, Pathé et UGC, représentent 20 % des salles en France et accueillent la moitié des spectateurs.

Vendre le film

C'est le métier de l'attaché de presse, qui organise des avant-premières devant un public de journalistes qui vont en parler à la télévision, à la radio et dans les journaux. Des agences de publicité vont créer une affiche, véritable carte de visite du film. D'ailleurs, lorsqu'un film est encore à l'écran, on dit qu'il est toujours « à l'affiche ».

Les bandes-annonces

Elle sont projetées quelques semaines avant la sortie du film, pour en donner un aperçu.

Festivals et récompenses

Aux États-Unis, on décerne les oscars depuis 1929. L'oscar est une statuette de 30 cm de haut recouverte d'or. En France, depuis 1975, on remet les césars, du nom de l'artiste qui a sculpté le trophée. D'autres événements couronnent des films tout au long de l'année, comme le festival de Cannes, au cours duquel on remet la Palme d'or au meilleur film sélectionné par le jury.

Le merchandising

Ne concerne que les grosses productions et rapporte beaucoup d'argent. Tee-shirts, jouets, gadgets, jusqu'aux paquets de biscuits qui portent le titre ou l'image du film. Walt Disney est un spécialiste du genre.

Avant et après le tournage

Un film se prépare dans les moindres détails. Gros plan sur ces métiers qui interviennent avant et après le tournage.

AVANT

• Le producteur

Il ne finance pas le film, mais rassemble l'argent nécessaire à sa mise en œuvre et supervise tout. C'est un homme d'affaires doué d'un sens artistique et qui, parfois, prend des risques énormes.

• Le régisseur général

Autre assistant du producteur, il gère les frais d'organisation du tournage (la location du matériel, le décor, etc.). C'est un véritable chef de chantier !

• Le directeur de casting

Il propose au réalisateur une distribution, c'est-à-dire un comédien pour chaque rôle du film. Il est toujours à la recherche de futurs jeunes talents, les stars de demain.

• Le directeur de production

Il est au service du producteur : il l'assiste et va répartir l'argent. C'est lui qui établit le devis du film et veille à ce qu'il soit respecté tout au long de sa réalisation.

• Le scénariste

Il est l'auteur du scénario, sorte de pense-bête sur lequel figurent tous les éléments du tournage (description de l'histoire, attitudes des acteurs, dialogues, éléments du décor, cadrages, etc.).

• Le directeur des effets spéciaux

Il coordonne les effets spéciaux qu'il imagine à la lecture du scénario. Mais les effets spéciaux, ce n'est pas forcement *Star Wars* : ils peuvent parfois remplacer un décor, suggérer un ciel d'orage, etc.

APRÈS

• Le monteur

Le monteur visionne les différentes prises d'un même plan, choisit la meilleure et met bout à bout les différentes scènes. Ensuite, il donne au film tout son rythme et toute sa force.

• Le bruiteur

Il crée les sons qui n'ont pas été enregistrés durant le tournage.

• Le mixeur

Il rassemble tous les sons et dialogues sur une seule et même bande.

• Le compositeur

Il compose la musique du film et du générique, quelquefois avant le tournage, parfois lorsque le film est tourné.

• Le distributeur

Il contacte les directeurs de cinéma pour leur proposer de projeter les films dont il possède les droits.

• L'affichiste

Pour le compte du distributeur, il réalise l'affiche, qui doit visuellement résumer au mieux le film.

• L'attaché de presse

C'est la personne qui assure la promotion d'un film auprès des médias : projections de presse, avant-premières, interviews.

• L'exploitant de salle

Il gère, programme et anime un cinéma et dirige une équipe, qui va du caissier au projectionniste.

• Le projectionniste

Sans lui, pas de séance de cinéma possible. Il réceptionne les copies des films, les monte sur des bobines et veille au bon déroulement de la projection.

• Le critique

C'est lui qui, après avoir vu le film en projection de presse, rédige dans un journal un article, où il s'exprime en toute liberté, pour donner un avis favorable ou défavorable sur l'œuvre.

Pendant le tournage

Avant d'aller, à la page suivante, sur le plateau où se tourne un film, passons en revue ces hommes et ces femmes qui font du cinéma.

L'acteur

Premier ou second rôle, voire figurant (sans texte à dire), l'acteur doit se glisser dans la peau d'un personnage imaginé par le scénariste ; il lui donne son apparence physique et sa psychologie. Un cascadeur peut doubler un acteur pour des scènes dangereuses.

Le metteur en scène (ou réalisateur)

Il est le créateur de l'œuvre cinématographique. Il dirige le tournage, les acteurs et toute l'équipe technique. Le metteur en scène, véritable chef d'orchestre, est le personnage central du film.

L'assistant du metteur en scène

Il exécute le découpage des scènes, fait les repérages de décors et sélectionne les figurants. C'est la personne sur laquelle le metteur en scène se repose le plus.

Le chef décorateur

Il trouve les accessoires, conçoit et réalise les décors du plateau.

La scripte

C'est la mémoire du réalisateur et celle du film en général. Les scènes d'un film sont rarement tournées dans l'ordre et certaines scènes sont filmées plusieurs fois. La scripte vérifie que le maquillage, les costumes ne changent pas d'une prise à l'autre.

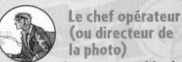

Le chef opérateur (ou directeur de la photo)

Il est responsable de la qualité de l'image, de la lumière, du cadrage. C'est l'œil du réalisateur.

Le cadreur

Sous la direction du chef opérateur, son œil rivé au viseur de la caméra, il est responsable du cadrage de l'image.

Le photographe de plateau

Il fait un reportage photographique du tournage. Ses photos figureront dans les journaux et aux devantures des cinémas.

Le machiniste

Il assure le déplacement de la caméra pendant la prise de vue.

L'accessoiriste

Il doit veiller à la présence de tous les objets servant à l'acteur et dans le décor.

L'électricien

Il s'occupe du matériel électrique et en particulier des projecteurs.

La maquilleuse

L'éclairage artificiel étant très intense, il est nécessaire d'adoucir les traits des acteurs. De la poudre sur le nez pour éviter qu'il ne brille, du fard sur les joues pour donner bonne mine, ou une crème blanche pour donner un teint blême. Elle sait aussi rajeunir ou vieillir l'acteur, voire l'enlaidir. À la maquilleuse, s'ajoute souvent le coiffeur.

Le chef costumier

Il est le responsable des habits et vêtements qu'il crée et doit faire fabriquer ou qu'il doit trouver dans des boutiques ou chez des loueurs de costumes.

L'habilleuse

Elle aide les comédiens à revêtir les divers costumes prévus durant le tournage.

L'ingénieur du son

Il est responsable de la bande sonore pendant le tournage du film. Il décide de l'emplacement des micros et enregistre en direct, au moment du tournage, les dialogues sur un magnétophone.

Le perchman

Il tend le micro aux acteurs en suivant leurs déplacements.

Sur le plateau, l'équipe de tournage en plein travail

Voilà l'envers du décor.

1. Acteur (s)
2. Metteur en scène
3. Assistant du metteur en scène
4. Scripte
5. Chef opérateur
6. Cadreur
7. Machiniste
8. Photographe de plateau
9. Électricien
10. Maquilleuse
11. Perchman
12. Ingénieur du son

« Un film c'est comme un bon crime, il faut s'entourer de bons complices. » disait le réalisateur Jean Renoir.

Voilà le résultat à l'écran. Difficile d'imaginer qu'il y ait pu avoir autant de monde sur le plateau durant la prise ! C'est ça la magie du cinéma.

Entendu sur le plateau

Le réalisateur :
« *Silence on tourne... Moteur !* »
Le caméraman :
« *Ça tourne.* »
L'ingénieur du son :
« *Ça tourne aussi.* »
L'assistant présente le clap face à la caméra :
« *Essentiel Milan Junior, Scène 1, Prise 1.* »
Le réalisateur au comédien :
« *Action !* »
Le comédien dit son texte.
Et enfin le réalisateur :
« *Coupez ! La prise est bonne . Bravo !* »
ou
« *Coupez ! On la recommence.* »

LES MÉTIERS DU CINÉMA

Des effets très spéciaux

Robots, monstres, vaisseaux spatiaux, catastrophes, tout peut exister au cinéma grâce aux trucages, des plus simples aux plus futuristes.

Une société spécialisée

Georges Lucas a fondé en 1975 la société ILM (*International Light and Magic*) qui révolutionne les effets spéciaux par son travail sur les images numériques. Ainsi, il obtient 14 fois l'oscar des effets spéciaux pour ses différents films à succès.

Arnold Schwarzenegger en pleine séance de maquillage.

Le hasard fait bien les choses

Le cinéaste Georges Méliès découvre, par hasard, le trucage de cinéma en 1897. Alors qu'il filme une place de Paris, la pellicule se bloque. Il la remet en place et continue de tourner. Mais entre-temps, les choses ont bougé devant sa caméra et, lorsqu'il projette ce film, il assiste, émerveillé, à la transformation d'un bus en corbillard, à la métamorphose d'hommes en femmes. Le trucage est né… par accident.

De nombreuses possibilités

Aujourd'hui, les effets spéciaux interviennent à toutes les étapes de la réalisation d'un film. On crée des maquettes, des simulations d'explosions et, bien sûr, des maquillages, qui permettent de rendre les traits des acteurs conformes aux besoins du film. On peut ainsi faire évoluer des acteurs réels dans un monde de dessin animé, comme dans *Qui veut la peau de Roger Rabbit ?* (1988), ou leur donner une petite taille en les associant à un décor géant. Grâce aux images de synthèse, on peut créer des univers virtuels de plus en plus réalistes, comme dans *Jurassic Park*, *Godzilla* ou *Dinosaur*.

E.T. l'extraterrestre.

Les trucages optiques

Au moment où on filme une maison qui explose, par exemple, on peut accélérer les prises de vue pour, à l'écran, faire durer l'explosion plus longtemps. Après le tournage, viennent d'autres trucages optiques : le flou, la déformation et la superposition d'images participent au récit en suggérant des retours en arrière ou l'entrée dans un rêve, par exemple.

Les nouvelles technologies

L'électronique a rendu possibles des films comme *E.T.* en 1981, avec des marionnettes télécommandées par ordinateur : l'animatronic. Aujourd'hui, un tel film serait sans doute réalisé uniquement à base d'images virtuelles.

Le Voyage dans la lune (1902), film de Georges Méliès.

Les trucages filmiques

Les plus répandus sont sûrement ceux du vent et de la pluie. Quant aux explosions, elles doivent généralement être réussies du premier coup car elles détruisent le décor !

Cascades

Ce sont aussi des trucages, souvent spectaculaires, qui nécessitent une grande préparation, et des équipements de protection pour le cascadeur, qui doit passer à travers un feu, simuler un accident de voiture, tomber de cheval... On utilise également des astuces, comme la réalisation de vitres en sucre pour qu'il passe à travers sans se blesser !

Taxi (1997) et *Taxi 2* (1999), deux films riches en cascades.

L'ordinateur et le virtuel

Ils permettent de créer des univers fantastiques qui demanderaient des décors matériels trop imposants.

Tron de Stenven Lisberger (1982) est le 1er film à utiliser les images virtuelles.

La Menace fantôme

Cet épisode de *Star Wars* doit plus à l'ordinateur qu'à la caméra ! La plupart des créatures ne sont que des animations virtuelles, comme par exemple Jar Jar Binks qui a été incrusté après le tournage.

Le morphing

C'est une opération qui consiste, avec un ordinateur, à transformer un comédien en un autre comédien ou un objet en un autre objet. Cela permet de déformer les corps. Grâce au morphing, on peut même tricher sur la silhouette d'un acteur : le faire plus mince, transformer un visage humain en visage animal, etc. Toutes les transformations sont possibles, mais elles restent très coûteuses et ne peuvent pas toujours remplacer le maquillage.

Le décor par ordinateur

On peut aussi concevoir des décors par ordinateur. Par exemple, dans *True Lies* (1994), avec Arnold Schwarzenegger, l'une des premières images montre un lieu qui, en fait, n'existe pas : des images de montagnes filmées en Nouvelle-Zélande, celle d'un lac de Californie et enfin d'une maison de la côte Ouest des États-Unis ont été associées par ordinateur pour créer l'effet d'un seul et même paysage naturel.

L'ordinateur au secours de Mickey

Un dessin animé se fabrique image par image. Avant l'utilisation de l'ordinateur, on le dessinait et le coloriait en le décomposant en plusieurs mouvements (24 images pour 1 seconde de film). Ensuite, les dessins étaient filmés image par image. Aujourd'hui, tout cela est devenu très rapide : les dessins, tracés sur papier, sont mis en mémoire. Un technicien, muni d'un crayon électronique, colorie les dessins, les déplace, les reproduit, et le travail est fini.

Et les acteurs, ils deviennent quoi ?

Avec l'ordinateur, on est capable de créer des décors, des personnages, des monstres, aussi incroyables que les dinosaures de *Jurassic park* ou le bateau du *Titanic*. On peut alors imaginer un film sans acteurs, où tout serait fabriqué par ordinateur : on inventerait des personnages virtuels, on les mettrait en mouvement dans un décor et un lieu imaginaires. Le film serait entièrement virtuel, les acteurs actuels seraient tous au chômage et des acteurs disparus pourraient être plongés malgré eux dans d'autres histoires ! Une horreur, non ?

Chez Disney

Toys story a été entièrement créé et animé par ordinateur. Dans *Tarzan*, seules quelques scènes sont élaborées par ordinateur, notamment lorsque le héros « surfe » de branche en branche.

La Momie

La créature du film est réalisée en images de synthèse. L'acteur est filmé hors décor uniquement pour capturer sa silhouette et ses mouvements qui permettront de créer le squelette de la Momie. L'ordinateur analyse ce film, étape par étape, et le monstre prend forme. Cette image de synthèse est ensuite réintégrée à l'image réelle du décor. Tout semble vrai.

Des animaux stars

Cochons, chiens, ours et autres animaux de cinéma, de véritables bêtes de scène, auxquelles il ne manque même pas la parole.

L'Ours

Dans ce film de Jean-Jacques Annaud, quatorze oursons ont été entraînés pour le rôle principal, et le puma a mis trois mois avant d'accepter d'aller au bord de la rivière où il devait tourner sa scène.

La suite des aventures du cochon qui voulait devenir chien de berger.

Babe
sur le plateau.

Le casting d'abord

Il faut, avant tout, un bon dresseur, qui fera obéir l'animal durant le tournage. L'animal devra être malicieux, calme et docile, et correspondre physiquement au personnage (taille, couleur, etc.). Ainsi, pour le casting de *Babe*, le producteur a vu près de 500 animaux, cochons, oies ou moutons, qui ont été testés sur leur physique et leurs « performances d'acteurs ».

Difficile de tourner avec des animaux !

Ils bougent, font leurs besoins sur le plateau... Le dresseur joue un rôle important dans le bon déroulement du tournage. Pour que les bêtes soient aptes à tourner n'importe quel genre de films, dès leur plus jeune âge, les dresseurs les habituent aux bruits (coups de feu, moteurs de voiture...), à se rouler par terre, etc. Chaque film demande des répétitions spécifiques, mais il faut entraîner l'animal en permanence, même en dehors des tournages.

Et le maquillage ?

Eh oui, on maquille et on coiffe même les animaux. Par exemple, pour *Babe*, les coiffeurs ont ajouté au héros une petite mèche de cheveux pour que les dizaines de cochons qui se sont relayés pour l'interpréter semblent bien être un seul et même animal. Ils lui ont aussi mis un peu de blanc sous les yeux pour mettre son regard malicieux en valeur. On peut aussi colorer les poils de l'animal : les deux chiens du film *Hercule et Sherlock* (1995) ont été teints respectivement en bleu et en orange !

Heureusement

Aujourd'hui, un animal n'est jamais maltraité sur un tournage, même lorsqu'il meurt ou qu'il est blessé à l'écran. La SPA (Société protectrice des animaux) y veille.

Les plus connus

Ce sont des chiens qui, les premiers, ont connu le succès : Rintintin aidait l'armée américaine au début des années 1920, puis la courageuse chienne Lassie fit sa première apparition aux côtés d'Elizabeth Taylor en 1946. Plus récemment, pour le tournage des *101 Dalmatiens* (le film, pas le dessin animé), il a fallu dresser 200 chiots en 8 semaines !

Photo du tournage des *101 Dalmatiens*.

Jouer sur la gourmandise

Sur un tournage, c'est le plus efficace. Mettons des friandises dans des vêtements : l'animal s'accrochera à l'acteur ; enduisons de jus de poulet la face d'un comédien et le chien lui lèchera le visage ! À chaque scène qu'ils tournent, les animaux reçoivent une récompense, mais attention : un animal rassasié refuse souvent de travailler.

Les enfants stars

Les enfants sont souvent stars du cinéma et de la publicité, mais il ne suffit pas d'être doué, il faut travailler et, surtout, avoir de la chance.

Allô maman, ici bébé

Dans ce film (1989), le très jeune héros raconte sa vie, alors qu'il est encore dans le ventre de sa mère.

4,5 millions de dollars

Soit près de 25 millions de francs, c'est ce qu'a touché Macauley Culkin (ci-dessous) pour *Maman, j'ai encore raté l'avion* (1992).

Graine de stars

Le premier enfant star du cinéma est Jackie Coogan : il est à 6 ans la vedette du *Kid* (1921), l'histoire d'un enfant abandonné et recueilli par Charlot, avant qu'il ne retrouve sa mère. L'un des derniers enfants stars au États-Unis est Macauley Culkin avec *Maman j'ai raté l'avion* (1990). Entre les deux, il y a eu des dizaines d'enfants vedettes comme Shirley Temple, qui commence sa carrière en 1932 à l'âge de 4 ans, reçoit un oscar à 7 ans et décide, à 21 ans, d'arrêter définitivement le cinéma pour se consacrer à un autre métier.

Comment devient-on un jeune acteur ?

À 13 ans, pour se faire un peu d'argent de poche, Sophie Marceau s'inscrit dans une agence et se retrouve convoquée à un casting. Elle est la seule candidate qui n'a pas fait d'effort pour s'habiller correctement, elle porte une vieille salopette. Pourtant, le réalisateur va la choisir, car son naturel et sa sincérité correspondent parfaitement au rôle de Vic. Sophie Marceau débute donc, dans *La Boum* en 1980 : c'est un énorme succès. Depuis, elle a tourné de nombreux films et est devenue une vedette internationale, qui a joué dans un *James Bond*.

Enfant-Adulte

Dans les films où les enfants ont la vedette est décrit un monde où les parents sont souvent absents, où l'enfant arrive à se débrouiller très bien et tout seul. Mais au cinéma, l'enfant doit rester lui-même et ne pas singer l'adulte ; sa spontanéité est un atout.

Le Kid,
film de Charlie Chaplin.

Comment décrocher un rôle ?

Tu peux te faire inscrire par tes parents dans une agence. Tu peux aussi lire les annonces dans certains journaux. Parfois, on a besoin d'enfants qui ressemblent à leurs parents du film, c'est pour cela que l'on peut y lire : recherche enfant 8-12 ans, brun, yeux bleus, etc. Les cinéastes préfèrent les enfants qui paraissent moins que leur âge, car ils peuvent mieux comprendre ce qu'on leur demande, tout en correspondant à l'âge du rôle.

À portée de main

Certains réalisateurs ne sont pas allés chercher bien loin leurs jeunes vedettes. Jean-Loup Hubert (*Le Grand Chemin*, 1987), Claude Lelouch (*Les Misérables*, 1994) et Maurice Pialat (*Le Garçu*, 1995) ont mis en scène leurs propres enfants.

François Truffaut sur le tournage de *L'Argent de poche* (1976).

François Truffaut

C'est l'un des réalisateurs qui a le plus tourné avec des enfants et qui a su respecter leur personnalité : *Les Quatre Cents Coups*, *L'Enfant sauvage* et *L'Argent de poche* en sont de bons exemples. Truffaut disait : « *Il faut d'abord filmer les enfants parce qu'on les aime.* »

Quiz

Tu sais tout sur les acteurs, les effets spéciaux ? Tu connais tous les détails de la réalisation d'un film ? Bref, tu crois tout connaître du cinéma. Teste tes connaissances.

Attention, parfois, plusieurs réponses sont possibles.

1 Combien y a-t-il d'images sur la pellicule d'un film d'une heure trente ?

A 1 296.
B 12 960.
C 129 600.

2 Qu'est-ce qu'un cinéma « Art et essai » ?

A Un cinéma où l'on présente des films pour cinéphiles.
B Un cinéma où l'on mange du pop-corn.
C Un cinéma où l'on teste la réaction des spectateurs sur un film.

3 Quel réalisateur a dit : « Il faut d'abord filmer les enfants parce qu'on les aime. » ?

A Steven Spielberg.
B Charlie Chaplin.
C François Truffaut.

4 La nuit américaine...

A C'est le titre d'un film.
B C'est ainsi que que l'on nomme la soirée des oscars.
C C'est tourner de jour une scène de nuit.

5 Environ 30 % des recettes d'un film viennent :

A de sa diffusion en salle.
B des ventes en vidéo cassettes et DVD.
C des droits de diffusion à la télévision

6 Le distributeur c'est :

A la personne qui distribue les rôles sur le plateau.
B la personne qui propose au directeur de cinéma de projeter le film.
C la machine qui fabrique et vend le pop-corn dans les multiplexes.

7 D'où vient le nom de césar ?

A Du nom de l'artiste qui a sculpté le trophée.
B Du nom de l'acteur qui le premier a reçu le prix.
C De l'oscar, nom d'une autre récompense, car il rime avec.

8 À quoi sert le clap ?

A À synchroniser au montage l'image et le son.
B À faire le silence durant le tournage.
C À indiquer à l'acteur le moment où il doit dire son texte.

9 Dans une cinémathèque :

A on loue des films.
B on projette des films anciens.
C on rassemble des films qui font l'histoire du cinéma.

10 La scripte :

A note tout ce qui se passe durant le tournage pour éviter des erreurs.
B c'est la personne qui écrit le scénario.
C c'est la personne qui s'occupe du clap.

11 Un plan :

A c'est un cadrage qui détermine ce que l'on voit à l'image.
B c'est une suite d'images dans le film.
C c'est ce qui indique au comédien comment se rendre sur le tournage.

12 La caméra qui se déplace sur un rail pour suivre l'acteur c'est :

A un travelling.
B un panoramique.
C une contre-plongée.

13 Le cinémascope c'est :

A le nom d'une revue de cinéma.
B un procédé d'écran large.
C un modèle de caméra.

14 Comment un bruiteur recrée-t-il un coup de poing ?

A En tapant sur un micro.
B En frappant avec le poing une pâte à tarte congelée.
C En faisant éclater un sac en papier.

15 Dans quel pays réalise-t-on le plus de films par an ?

A Aux États-Unis.
B En France.
C En Inde.

16 Le synopsis :

A est un résumé de l'histoire.
B indique les dialogues.
C c'est la bande dessinée du film.

17 Quel réalisateur a dit : « *Un film c'est comme un bon crime, il faut s'entourer de bons complices.* » ?

A Steven Spielberg.
B Alfred Hitchcok.
C Jean Renoir.

18 Quel est le personnage le plus filmé au cinéma ?

A Sherlock Holmes.
B Dracula.
C Napoléon.

19 Le morphing c'est :

A une transformation de l'image par ordinateur.
B une cascade faite par un animal.
C le choix d'un acteur sur son visage.

20 Quels sont les trucages les plus répandus ?

A Le vent.   B La pluie.   C Les tremblements de terre.

Pour t'aider dans ton exposé

Le professeur te demande de choisir un sujet d'exposé, ou tu proposes, de ta propre initiative, d'en faire un... Dans tous les cas, avant de te lancer, tu dois te poser quelques questions :

1 La pêche aux informations

Est-ce que j'aurai à ma disposition une documentation suffisante ?

Tu as de la chance, il y a beaucoup de journaux et de livres sur le cinéma. Fais un tour au CDI, ou dans la bibliothèque de ta ville. Aide-toi aussi de la liste d'ouvrages proposée page 32. Après seulement, tu pourras choisir ton sujet. Par exemple, un genre (le cinéma fantastique), un aspect de sa technique (le rôle du réalisateur), ne demandent pas la même documentation.

Est-ce que ce sujet intéressera toute la classe ?

Pour le savoir, pose-leur la question ! Ou bien demande au professeur quelques minutes pour faire un petit sondage écrit : distribue une feuille à chacun avec une phrase à compléter : « Ce qui m'intéresse le plus, dans le cinéma, c'est .... ».

2 La prise de note

Est-ce que je dois vraiment tout lire ?

Bien sûr, tu ne peux pas lire en entier tous les livres. Aide-toi de leur sommaire ou de leur index pour aller directement aux chapitres qui te semblent en rapport avec le sujet de ton exposé. Puis, constitue des dossiers en photocopiant les pages des livres, des revues ou en imprimant (si tu le peux) des écrans d'Internet.

Comment vais-je faire pour prendre des notes ?

Au cours de la lecture attentive de tes dossiers, note sur des feuilles les infos les plus intéressantes. Surtout, ne recopie pas les passages un peu longs. Résume-les en quelques mots : tu gagneras du temps et ton exposé sera plus naturel.

3 Sur la construction de ton exposé

Dans quel ordre dois-je classer mes notes ?

Pour organiser tes notes, fais un plan précis pour te guider, mais ne rédige pas ! Sinon, tu sera tenté de lire ton exposé en classe, ce serait ennuyeux pour tes camarades.

Est-il utile de répéter ?

« Répète » ton exposé à la maison, devant tes parents, frères et sœurs. Ce premier public corrigera tes défauts (gestes, tics et maladresses d'expression), et tu pourras mesurer ton temps de parole (tu ne dois pas dépasser 10 minutes).

4 Ça y est, à toi de conquérir ton public

Est-ce que je dois écrire au tableau ?

Oui, mais uniquement les mots difficiles, les noms propres et ceux qui te semblent importants, pour que la classe te suive jusqu'à la fin.

Comment commencer mon exposé ?

Annonce clairement ton sujet et ton plan. Tu peux, en plus, expliquer pourquoi tu as choisi ce plan, et l'écrire au tableau (tu peux lire à haute voix une citation en guise d'introduction).

Est-ce que je montrerai des images ?

La loi interdit de présenter des extraits de films en public sans autorisation. Tu ne pourras donc montrer que des photos extraites de livres.

Comment prolonger mon exposé ?

À la fin, résume en une phrase l'idée principale de ton exposé et demande si quelqu'un veut poser une question ou ajouter quelque chose. À toi aussi de proposer des sujets de discussion.

5 Bien regarder un film, comme un critique de cinéma

Pour pouvoir commenter un film, tu dois répondre à quelques questions.

- Que sais-tu du film (ou de l'extrait) avant de le voir ?
- Résume l'histoire en quelques phrases.
- Quel moment préfères-tu ?
- Comment le film est-il construit (cadrages, son, etc.) ?
- Y a-t-il des choses que tu n'a pas comprises ?
- Qu'attendais-tu du film ? Es-tu déçu ?

Pour en savoir plus

Les livres
• *Les Yeux du cinéma*, de Richard Platt, coll. « Les Yeux de la découverte », Gallimard, 1992.
• *Il était une fois le cinéma*, de Marion Challier et Lou Jeunet, coll. « Les Racines du savoir », Gallimard Jeunesse, 1994.
• *Le Cinéma*, de Jacques Pécheur, coll. « Pour en savoir plus », Hachette Éducation, 1995.
• *Le Cinéma*, de Jean-Pierre Jaubert, coll. « 30 mots-clés pour comprendre... », Éditions PEMF, 1995.
• *Un siècle de cinéma, cent ans de rêves*, de Sylvie Saerens et Dominique Auzel, Éditions du Rouergue, 1995.
• *Secrets du cinéma*, coll. « Secrets », Gallimard 1996.
• *Les Métiers du cinéma*, de Vincent Pinel, coll. « Les Essentiels Milan », Milan, 1996.
• *Un siècle de cinéma français au Futuroscope*, d'Anne Vantal, Les Éditions du Futuroscope - Hachette, 1996.
• *Derrière la caméra*, de Marc Arnaud, coll. « Castor doc », Flammarion, 1997.
• *Dictionnaire du cinéma*, de J. Jacobs, Le Livre de Poche Jeunesse, 1998.

Revues
• *Dada* n° 20, numéro spécial « Art et cinéma », mai-juin 1995.
• *Je lis des histoires vraies* n° 41, mai 1996, « Fou de cinéma, l'enfance de François Truffaut » et n° 71, février 1999, « Louis Lumière, l'invention du cinéma ».
• *Les Aventuriers* n °24, mars 2000, dossier « La magie des effets spéciaux ».
• *Les Clés de l'actualité* n° 365 du 14 octobre 1999, dossier « Effets spéciaux ».
• *Mikado* n° 115, mai 1993, dossier « Le cinéma, histoire d'une invention ».
• *Mobiclic* n° 3, mai 1998, « Cliciné : deviens réalisateur ! ».
• *Okapi* n° 516, mai 1993, dossier « La grande aventure du cinéma ».
• *Okapi* n° 554, janvier 1995, dossier « Le cinéma a 100 ans ».
• *Télérama Junior*, numéro hors série « Vive le cinéma ! », 1994.
• *Wapiti* n° 152, novembre 1999, « Comme au cinéma ».

Sites Internet
• *www.festival-cannes.fr* : le site officiel du festival de Cannes.
• *www.oscar.com* : le site officiel des oscars.
• *www.bifi.fr* : le site d'une grande bibliothèque consacrée au cinéma.
• *www.telerama.fr* et *www.premiere.fr* : le site de deux revues qui parlent de cinéma.
• *www.allocine.fr* et *www.cinefil.com* : pour connaître toutes les sorties de films et l'actualité du cinéma.
• *www.gaumont.fr* et *www.ugc.ugc.fr* : les sites de Gaumont et d'UGC.
• *www.disney.com* : pour surfer au pays de Mickey.
• *www.lesclesjunior.com* : souvent, des articles sur le cinéma.